Made in the USA
Monee, IL
23 June 2021

72128512R00062